AF299785

DE LA COMPÉTENCE

DE LA

HAUTE COUR DE JUSTICE

PAR

ANDRÉ HABER,

AVOCAT, ATTACHÉ AU PARQUET DU TRIBUNAL DE PREMIÈRE INSTANCE DE LA SEINE

PARIS

IMPRIMERIE DE VICTOR GOUPY

5, RUE GARANCIÈRE.

—

1870

CONFÉRENCE DES ATTACHÉS.

PRÉSIDENCE DE M. BRIÈRE-VALIGNY,

DOCTEUR EN DROIT, PRÉSIDENT DE CHAMBRE A LA COUR IMPÉRIALE DE PARIS.

Séance du lundi 14 mars 1870.

DE LA

COMPÉTENCE DE LA HAUTE COUR DE JUSTICE,

PAR ANDRÉ HABER,

AVOCAT, ATTACHÉ AU PARQUET DU TRIBUNAL DE PREMIÈRE INSTANCE DE LA SEINE.

MONSIEUR LE PRÉSIDENT,

MESSIEURS,

Le 10 et le 11 janvier 1870, le *Journal officiel* publiait en tête de ses colonnes deux décrets renvoyant devant la Haute Cour de justice :

1° Le prince Pierre Bonaparte, à raison des accusations d'homicide sur la personne de Victor Noir et de tentative d'homicide sur la personne d'Ulric de Fonvielle ;

2° Le prince Murat, à raison de coups et blessures, dont le sieur Comté aurait été victime.

Ces décrets, Messieurs, et surtout le premier, convoquant la Haute Cour pour connaître des accusations d'homicide et de tentative d'homicide imputées au prince Pierre Bonaparte, soulevèrent au Corps législatif, entre M. Jules Ferry et S. Exc. M. le garde des sceaux, une intéressante discussion sur la question de savoir si le Gouvernement n'aurait pas pu et dû traduire le prince Pierre Bonaparte devant un jury ordinaire.

M. Jules Ferry formulait cette proposition dans une demande d'interpellation ainsi conçue :

« Je demande à interpeller le Gouvernement sur le carac-
« tère manifestement inconstitutionnel de l'art. 1ᵉʳ du séna-
« tus-consulte du 4 juin 1858, lequel établit une compétence
« de la Haute Cour contraire aux principes fondamentaux de
« notre droit public en général, et en particulier aux art. 1ᵉʳ
« et 54 de la Constitution du 14 janvier 1852 ;

« Sur l'inconstitutionnalité qui vicie pareillement les décrets
« des 10 et 11 janvier 1870, rendus à l'égard du prince Pierre
« Bonaparte et du prince Murat ;

« Sur la nécessité de rapporter immédiatement ces deux
« décrets et de rentrer dans le droit commun.

« Et, vu l'urgence et les procédures illégalement engagées,
« en vertu des actes et des droits sus énoncés, je demande à la
« Chambre de fixer la discussion de la présente interpellation
« à la séance prochaine. »

Au nom du Gouvernement, M. le garde des sceaux repoussa
l'interpellation, pour ces deux motifs : « 1° qu'elle ne consti-
tuait pas une véritable interpellation, et 2° que, sous forme
d'interpellation, on proposait à la Chambre de déclarer inconstitutionnel un sénatus-consulte, et, comme conséquence de
cette nullité reconnue du sénatus-consulte, de casser les deux
décrets qui venaient d'être rendus, et d'annuler les actes de
procédure qui s'accomplissaient alors.

« Pour arriver à une déclaration d'inconstitutionnalité,
ajouta M. le garde des sceaux, la Constitution est formelle ;
elle fixe, par des prescriptions auxquelles on ne peut déroger,
les voies à suivre, qui sont : la pétition pour le citoyen, et la
proposition pour le Gouvernement.

« Le Corps législatif ne peut exercer un droit qui, consti-
tutionnellement, n'appartient qu'au Sénat. Nous avons entendu
exprimer dans cette enceinte des vœux de réforme, mais jamais
personne jusqu'à ce jour n'a élevé la prétention de faire ou de
défaire les sénatus-consultes, de les déclarer nuls, de changer
l'assemblée législative en Constituante ou en Convention. »

M. Jules Ferry répond alors à M. le garde des sceaux. Il se propose tout d'abord « de prouver que le genre d'interven‑ tion qu'il demande à la Chambre par son interpellation se pose dans des termes tels, qu'il s'agit pour le Corps législa‑ tif de dire si, oui ou non, il veut garder et protéger la Cons‑ titution. La discussion, dit-il, repose sur un acte du pou‑ voir exécutif qui a un caractère particulier, qu'il va exposer pour que la Chambre soit juge entre lui et M. le garde des sceaux.

« Qu'est-ce que la Haute Cour? se demande M. J. Ferry. Son caractère, dit-il, est tout particulier. Cette juridiction n'est pas d'ordre public, en ce sens qu'il appartient au pou‑ voir exécutif de la saisir ou de ne pas la saisir.

« Rien ne forçait en effet le Gouvernement, rien ne forçait le pouvoir exécutif à saisir la Haute Cour, parce que : « 1° L'article 54 de la Constitution dit que la Haute Cour ne peut être saisie que par un décret impérial, et que : 2° Le sénatus-consulte organique du 10 juillet 1852 déclare, dans l'art. 10, que dans le cas prévu par l'art. précédent (cas où la chambre des mises en accusation d'une cour est appelée à statuer sur une affaire qui serait de la compétence de la Haute Cour, le procureur général est tenu de requérir un sursis et le renvoi des pièces au ministre de la justice), les pièces sont transmises immédiatement au ministre de la justice, et que si dans les quinze jours un décret du Président de la République n'a pas saisi la Haute Cour, les pièces sont renvoyées au pro‑ cureur général et la cour d'appel statue conformément au code d'instruction criminelle.

« En un mot, le Gouvernement a pleine et entière liberté de saisir ou de ne pas saisir la Haute Cour, mais si, dans un délai de quinze jours, il ne l'a pas fait, le droit commun reprend alors son empire.

« Le caractère de cette juridiction, ajoute l'orateur, est donc bien défini. Toutes les fois que le Gouvernement con‑

voque la Haute Cour, il y a là un acte qui ressort de sa pleine initiative, dont il est responsable devant la Chambre.

« Oui, dit en terminant, M. Jules Ferry, si vous aviez été sages, si vous aviez été des hommes politiques, si vous aviez connu le sénatus-consulte de 1852, vous n'auriez pas fait à la conscience publique cette offense de convoquer la Haute Cour. »

Aussi bien, Messieurs, j'ai rapporté presque textuellement le discours de l'honorable M. J. Ferry, je mettrai sous vos yeux la réplique de M. le garde des sceaux, pour placer la discussion sur le même terrain ici qu'au Corps législatif.

M. le garde des sceaux protesta tout d'abord contre « l'emploi abusif de ces grands mots si retentissants : d'atteinte à la dignité, aux principes, et d'offense à la conscience publique, » puis, répondant directement à la question posée par le précédent orateur :

« On a, dit-il, Messieurs, invoqué devant vous deux arguments :

« Le premier a consisté à dire : la Haute Cour de Justice ne peut être convoquée qu'en vertu d'un décret ; ce décret, vous pouviez ne pas le rendre ; en le rendant, vous avez mal agi.

« Le second a consisté à invoquer l'art. 10 du sénatus-consulte de 1852, en vertu duquel, lorsque, dans un certain délai, la Haute Cour n'a pas été convoquée, le droit commun reprend son empire.

« Le motif qui explique la nécessité d'un décret est très naturel : la Haute Cour n'est pas une juridiction permanente. Elle n'est pas comme un tribunal ordinaire qui fonctionne sans cesse, elle n'existe que virtuellement ; chaque année on nomme les membres qui composent la Haute Cour, mais les jurés ne sont pas désignés. Pour que, d'une part, cette Haute Cour sorte de l'assoupissement légal dans lequel elle vit, pour que, d'autre part, le jury soit constitué, un acte de la puissance publique est nécessaire, et cet acte est un décret. Le ministre de la justice, pas plus que le Gouvernement dans mon interprétation, n'a le droit de refuser cette convocation, dès que les personnes en cause sont sujettes à cette juridiction. »

M. le garde des sceaux, examinant ensuite le second argument de M. J. Ferry, se demande s'il y avait, ou s'il n'y avait pas nécessité de convoquer la Haute Cour ?

« La question est facile à résoudre, dit-il, l'honorable M. J. Ferry a cité un sénatus-consulte de 1852, mais ce n'est pas le sénatus-consulte de 1852 qui tranche la question, c'est un sénatus-consulte postérieur de 1858, ainsi conçu :

« Art. 1er. La Haute Cour de justice, organisée par le sénatus-consulte du 10 juillet 1852, *connaît des crimes et délits commis par les princes* de la famille impériale et de la famille de l'Empereur, par des ministres, par des grands officiers de la Couronne, par des grand'croix de la Légion d'honneur, par des ambassadeurs, par des sénateurs, par des conseillers d'État. Ces mots : *connaît des crimes et des délits*, sont attributifs et constitutifs de compétence et de juridiction. Dès lors, le sénatus-consulte de 1852 eût-il admis une option, cette option a été détruite par le sénatus-consulte de 1858. Le sénatus-consulte de 1858 supprime l'option que le sénatus-consulte de 1852 avait laissée ouverte. Il établit une compétence fixe et nécessaire, et les motifs qui l'ont fait instituer tiennent à l'ordre public.

« Certaines personnes se trouvent dans une situation politique telle, qu'il y a un intérêt de premier ordre à ce que les poursuites exercées contre elles soient soumises à des formes plus solennelles, protectrices de la société autant que d'elles-mêmes.

« Un représentant de la nation est soustrait au droit commun. Aucune poursuite ne saurait l'atteindre avant qu'une autorisation de la Chambre soit intervenue. Qui s'est jamais plaint de ce privilége ?

« Le sénatus-consulte de 1858 se rattache à un ordre d'idées de cette nature. Les jurisconsultes consultés ont été unanimes pour déclarer que, lorsqu'une loi spéciale a été établie dans un intérêt bien ou mal compris d'ordre public, elle est obligatoire, le Gouvernement doit la respecter. Celui-là même, au profit de qui elle paraît instituée, ne peut y renoncer.

« Il est arrivé qu'un député poursuivi a déclaré qu'il renonçait à la prérogative parlementaire, les tribunaux n'ont pas accepté cette renonciation; l'immunnité qui vous couvre, ont-ils dit, n'est pas établie dans votre intérêt, elle est d'ordre social, subissez-la, s'il ne vous plaît pas de l'accepter.

« La compétence fixée par le sénatus-consulte de 1858 est d'ordre public, et celui qu'elle couvre n'a pas plus le droit de s'y soustraire que d'y renoncer.

« Il ne s'agit pas enfin, dit en terminant M. le garde des sceaux, du sénatus-consulte de 1852. Ce sénatus-consulte laissât-il l'option, il a été abrogé en ce point par le sénatus-consulte de 1858. »

« Messieurs, répliqua M. J. Ferry, je vais en très-peu de mots rétablir les deux arguments que M. le garde des sceaux' croit avoir réfutés.

« J'avais tiré mon premier argument de l'art. 54 de la Constitution, M. le garde des sceaux l'a-t-il détruit? Non. A-t-il pu nier que la Constitution, dans son article 54, laisse au pouvoir exécutif le droit de saisir ou de ne pas saisir la Haute Cour de justice. Non, mais il a dit ce qui, à mon sens, est une erreur capitale, que la Haute Cour de justice n'était pas une juridiction permanente, et que c'est pour la constituer que le pouvoir exécutif intervenait. Tous les ans, cependant, le Gouvernement désigne les magistrats qui font partie de la Haute Cour.

« Et les jurés? » interrompit un membre de l'assemblée.

« Les jurés, dit M. J. Ferry, ne constituent pas la cour et ce n'est pas leur absence qui peut empêcher la Haute Cour d'exister.

« Le second argument était celui-ci : Si l'art. 10 du sénatus-consulte de 1852 était la seule règle en cette matière, l'option resterait au Gouvernement. M. le garde des sceaux l'a reconnu, mais il a déclaré que le sénatus-consulte de 1858 l'avait abrogé, et qu'il n'y avait plus d'option. C'est ce qu'il faut prouver. »

« La preuve, s'écrie M. le garde des sceaux, je vais la fournir.

« Il y a dans le sénatus-consulte de 1858, un art. 1er qui dit : « La Haute Cour de justice connaît des crimes et des délits etc., etc.; » et puis il y a un art. 7 ainsi conçu : « Sont maintenues toutes les dispositions du sénatus-consulte du 10 juillet 1852, auxquelles il n'a pas été dérogé pour les articles précédents. »

« L'abrogation de l'art. 10 du sénatus-consulte de 1852 résulte du rapprochement de ces deux textes. »

« Non, réplique M. J. Ferry ; vous avez donné une première preuve tirée de l'art. 1er du sénatus-consulte de 1858, mais j'en attendais une seconde, j'attendais un article qui aurait abrogé tous les sénatus-consultes antérieurs. Est-ce que c'est d'un pareil article que vous avez donné lecture ? Non, vous avez lu un article ainsi conçu : Sont maintenues toutes les dispositions qui ne sont pas contraires au précédent sénatus-consulte.

« Prouvez que l'art. 1er du sénatus-consulte de 1858 est inconciliable avec l'art. 10 du sénatus-consulte de 1852.

« Il est impossible de démontrer cette inconciliabilité. L'une statue sur le droit du pouvoir exécutif, l'autre sur les personnes protégées par ce droit. Il y a là deux ordres d'idées tout à fait différentes, et il n'y a aucune incompatibilité d'humeur entre les deux thèses. Par conséquent, il n'y a pas d'abrogation tacite, pas d'abrogation expresse. Le sénatus-consulte de 1852 subsiste ; et la responsabilité de l'option faite par le Gouvernement doit lui incomber tout entière. »

Telle est, Messieurs, dans son ensemble, la discussion qui a eu lieu au Corps législatif. Nous allons maintenant examiner les arguments fournis par chacun des adversaires, *et voir si l'on a eu raison de dire, d'une part, que les décrets rendus les 10 et 11 janvier 1870 avaient offensé la conscience publique, et, de l'autre, s'il est vrai que le sénatus-consulte de 1858 ait abrogé l'art.* 10 *du sénatus-consulte de* 1852.

La Haute Cour de justice instituée par l'article 54 de la Constitution est organisée par deux sénatus-consultes, l'un du 1er juillet 1852, l'autre du 11 juin 1858. C'est un tribunal qui juge sans appel ni recours en cassation toutes personnes qui auront été renvoyées devant lui comme prévenues de crimes, attentats, ou complots contre le Président de la République et contre la sûreté intérieure ou extérieure de l'État.

La Haute Cour ne peut être saisie qu'en vertu d'un décret du Président de la République. Elle se compose enfin : 1° D'une chambre des mises en accusation et d'une chambre de jugement formées de juges pris parmi les membres de la Cour de cassation ; 2° D'un haut jury formé par le tirage au sort d'un conseiller général pour chaque département, et par un second tirage au sort de trente-six jurés titulaires et de quatre supplémentaires, choisis parmi les conseillers généraux déjà désignés.

C'est à Tours, le 21 mars 1870, que la Haute Cour de justice doit se réunir. La chambre de jugement sera composée de : MM. Glandaz, président, Quesnault, Zangiacomi, Pouillaude de Carnière, Boucly, juges titulaires, Gastambide et Savary, juges suppléants. Les fonctions du ministère public seront remplies par M. Grandperret, procureur général près la cour impériale de Paris, et M. Bergognié, substitut du procureur général près la même cour; les greffiers désignés sont : MM. Coulon, greffier en chef près la Cour de cassation, Quenault, greffier du tribunal de Tours, et Fauche, secrétaire.

L'institution de la Haute Cour est bien ancienne. Elle date

de 1791. Chose singulière, ce fut une assemblée républicaine, qui en même temps qu'elle proclamait l'égalité des citoyens dans sa déclaration des droits de l'homme, instituait sous le nom de Haute Cour nationale, ce tribunal exceptionnel si violemment attaqué aujourd'hui.

La Haute Cour fut maintenue par la Constitution de l'an VIII, ainsi que par la monarchie constitutionnelle de 1830. La République augmenta la compétence de cette juridiction que l'Empire étendit encore par le sénatus-consulte de 1858, en ce qu'il lui attribua la connaissance des crimes et délits commis par les princes de la famille impériale, les ministres, les grands-officiers de la Couronne, les grands-croix de la Légion d'honneur, les ambassadeurs, les sénateurs et les conseillers d'État.

Cinq fois seulement depuis son institution, la Haute Cour s'est réunie. Réunions trop nombreuses encore, car elles correspondent toutes à des temps de troubles et désordre !!!

C'est avec douleur, en effet, qu'on ouvre ces pages de notre histoire, où l'on voit la Haute Cour se réunir deux fois à Orléans : en juillet 1791, pour juger Bouillé, et le 21 novembre suivant pour juger de Lissart, Franqueville d'Arlemont et le duc de Brissac ; à Vendôme, en l'an IV, à l'occasion de la conspiration de Babœuf ; à Bourges, en 1849, alors que, le 15 mai 1848, Raspail, Barbès, Blanqui avaient osé envahir l'Assemblée des représentants du peuple et proclamer un nouveau gouvernement provisoire.

Enfin, le 18 octobre 1849, la Haute Cour se réunit à Versailles pour la dernière fois. Louis Blanc, Félix Pyat, Ledru-Rollin, etc., etc., comparaissaient devant elle pour avoir appelé le peuple aux armes dans la journée du 13 juin et déclaré le président de la République et les ministres hors la constitution.

Je n'aurais pas rappelé ces épisodes douloureux, n'était le grand enseignement qu'il convient d'en tirer, aujourd'hui surtout que des esprits impatients et téméraires, demeurant insensibles aux leçons du passé, autant que dédaigneux des réformes nouvelles, réclament toutes les libertés, comme si les avoir toutes n'était pas le sûr moyen de n'en garder aucune. Passons donc sur ces jours néfastes où, la démagogie traversant la liberté, le Gouvernement dut recourir à la force pour répondre de l'ordre.

L'Empire, Messieurs, en instituant la Haute Cour, n'a fait qu'imiter les gouvernements qui l'ont précédé, et il ne faut pas chercher ailleurs l'idée qui a présidé à sa création que dans la nécessité de protéger les dépositaires du pouvoir ou les membres de la famille souveraine, contre des attaques quotidiennes, qui pour n'être que calomnieuses, n'en déconsidéreraient pas moins ceux contre qui elles seraient dirigées. Chaque jour on verrait se dérouler devant les prétoires de la justice des procès dont le seul but serait de faire du scandale, d'entretenir par la violence des plaidoiries et la publicité des audiences, ces émotions fiévreuses qui s'emparent si rapidement des masses populaires, et qui s'apaisent trop vite au désir de certains hommes, après quelques instants de calme et de réflexion.

Mais cette idée de protection des dépositaires du pouvoir, ne la retrouvons-nous pas dans d'autres parties de notre législation ; ce fameux art. 75 tiré, lui aussi, d'une constitution républicaine, a-t-il une autre source? Faut-il en conclure cependant que la juridiction de la Haute Cour, qui n'a d'autre but que de protéger la majesté du pouvoir contre de viles atteintes, soit une juridiction de privilége? Non, Messieurs, prince du sang, prolétaires sont égaux devant la loi ! et la juridiction qui nous occupe est d'ordre public, contrairement à l'affirmation de M. J. Ferry, qui lui refuse ce caractère sous prétexte qu'il appartient au pouvoir de la saisir ou de ne pas la saisir.

Pour soutenir cette proposition, quels arguments invoque l'honorable député?

1° L'art. 54, dit-il, exige que la Haute Cour ne soit convoquée qu'en vertu d'un décret impérial que le Gouvernement pouvait ne pas rendre.

2° Le sénatus-consulte organique du 10 juillet 1852 déclare que la conséquence d'un fait criminel ou délictueux, ressortissant de la Haute Cour, est celui-ci : aussitôt saisie, l'autorité judiciaire doit en référer au Gouvernement qui a pleine et entière liberté de saisir ou de ne pas saisir la Haute Cour, et si dans un délai de quinze jours, il ne s'est pas prononcé, on rentre dans le droit commun.

Examinons chacun de ces arguments.

Le Gouvernement, a-t-on dit, pouvait ne pas convoquer la Haute Cour en ne rendant pas de décret. Mais si le Gouvernement, qui seul peut convoquer la Haute Cour par un décret, ne le faisait pas quand il se présente une circonstance où ce tribunal doit être réuni, il violerait ouvertement la loi. Le décret n'est pas facultatif, il est obligatoire. Le Gouvernement, du reste, s'est réservé en beaucoup d'autres cas le droit de promulguer des décrets de convocation. Ainsi, l'ouverture des sessions du Sénat, du corps législatif, des conseils généraux, est fixée par décret ; s'en suit-il que le Gouvernement puisse, en ne rendant pas ce décret, empêcher chaque année la réunion de ces grands corps de l'Etat ? Non, ces décrets n'ont qu'un but : fixer une date uniforme de réunion pour les conseils généraux et un jour déterminé pour le Sénat et le corps législatif. En un mot le Gouvernement, qui doit convoquer tous les ans le corps législatif et le Sénat, peut les convoquer à son choix pour le 1er, le 10 ou le 18 janvier ; mais les sessions sont annuelles ; au pouvoir seulement le droit d'en fixer l'ouverture.

Dans la question qui nous occupe, la situation n'est-elle pas identique ?

L'art. 24 de la Constitution porte que le Président de la République convoque et proroge le Sénat. Il fixe la durée de ses sessions par un décret.

L'art. 54 dit que la Haute Cour.... ne peut être saisie qu'en vertu d'un décret.

Ces articles me semblent contenir des dispositions semblables. Dans les deux cas un décret est nécessaire, et il est évident que ce décret est obligatoire pour le Gouvernement, bien que lui seul puisse le rendre.

La Haute Cour, comme les grandes assemblées dont nous venons de parler, ne peut se réunir sans un décret rendu par le Gouvernement, et on ne peut voir dans sa convocation un acte arbitraire de la part du pouvoir. Elle a, du reste, avec ces assemblées d'autres points de ressemblance. Pendant six mois ou plus, le Corps législatif est dans une inactivité légale ; eh bien, jusqu'à cette circonstance malheureuse qui a nécessité la promulgation du décret du 10 janvier, la Haute Cour était dans une situation analogue. Chaque année, depuis 1852, la nomination des magistrats qui devaient composer la Haute Cour, paraissait au *Journal officiel*, et cela seulement pouvait révéler l'existence de ce tribunal : de là son caractère tout particulier.

Est-ce une juridiction temporaire comme l'a dit M. le garde des sceaux, ou permanente comme l'a soutenu M. J. Ferry? Aucune de ces qualifications ne convient, je crois, à la Haute Cour. Si, en effet, on admet que ce soit un tribunal permanent à cause de la nomination annuelle des juges qui le composent, on ne peut se refuser à reconnaître qu'il soit aussi temporaire, puisque les jurés ne sont désignés que lorsqu'une affaire a été renvoyée devant eux et qu'un décret les a convoqués.

La Haute Cour est donc une juridiction qu'un décret seul pouvait faire sortir de sa léthargie, et les décrets du 10 janvier étaient nécessaires pour la réunir. Mais, y avait-il la même nécessité de convoquer la Haute Cour pour juger le prince Pierre Bonaparte? C'est une question différente que nous allons résoudre en examinant le second argument de M. J. Ferry.

Le sénatus-consulte organique du 10 juillet 1852, a dit l'honorable orateur, déclare que l'autorité, aussitôt saisie d'un fait criminel ou délictueux ressortissant de la Haute Cour, doit en référer au Gouvernement. Alors le Gouvernement est saisi de la question de savoir s'il convoquera la Haute Cour. Le Gouvernement a pleine et entière liberté de la saisir ou de ne pas la saisir, mais si dans le délai de quinze jours il ne s'est pas prononcé, le droit commun reprend son empire.

Sans doute, en *matière politique*, et avant le sénatus-consulte de 1858, l'argument de M. J. Ferry eût été invincible. Je dis : en matière politique et avant le sénatus-consulte de 1858, car il est évident que la Haute Cour n'a été d'abord instituée qu'en vue des causes politiques qui pourraient lui être déférées, et ce n'est que par suite du sénatus-consulte de 1858, qui augmenta sa compétence, qu'elle peut aujourd'hui connaître non plus seulement des crimes politiques, mais encore des crimes ordinaires commis par certaines personnes, telles que les membres de la famille impériale, les sénateurs, etc., etc. On a longtemps discuté sur la question de savoir s'il y avait des crimes politiques. La question est aujourd'hui tranchée. « Il est incontes-« table, en principe, qu'un crime ou un délit sont politiques ou « non politiques, par eux-mêmes, par leur propre nature. On « peut donner la formule suivante : quand la personne directe-« ment lésée par le crime ou par le délit, est l'État ; quand l'État « se trouve lésé dans sa *constitution sociale* ou *politique*, le « crime ou le délit sont politiques. » Voilà ce que disait il y a deux mois, dans un rapport à l'Empereur, un ministre généreux et libéral, qui voulait effacer par un grand acte de justice les deux taches qui eussent à jamais terni les amnisties de 1859 et 1869, et rouvrir les portes de la patrie à deux exilés de vingt ans (1) !!!

Donc, messieurs, le crime imputé au prince Pierre Bonaparte n'étant pas du genre de ceux qui sont énumérés dans

(1) MM. Tibaldi et Ledru-Rollin.

l'art. 54 de la Constitution, mais un crime ordinaire, il est certain qu'avant 1858 on aurait appliqué le droit commun, et traduit le prince, malgré sa qualité, devant la cour d'assises, seule juridiction compétente. C'est ce qui aurait lieu encore aujourd'hui si le sénatus-consulte du 4 juin 1858 n'était intervenu.

L'art. 1er de ce sénatus-consulte est ainsi conçu : « La Haute Cour de justice organisée par le sénatus-consulte du 10 juillet 1852 connaît des crimes et des délits commis par des princes de la famille impériale et de la famille de l'Empereur, par des ministres, par des grands officiers de la couronne, par des grand'croix de la Légion d'honneur, par des ambassadeurs, par des sénateurs, et par des conseillers d'État. »

L'idée qui a présidé à la création de cette disposition spéciale, se manifeste clairement. C'est, comme je l'ai déjà dit, la nécessité de protéger non pas les personnes, car aujourd'hui tous les citoyens sont égaux devant la loi, mais la majesté du pouvoir contre des attaques malveillantes et calomnieuses. Voilà le mobile qui a inspiré le législateur quand il a comblé, par le sénatus-consulte de 1858, la lacune laissée dans votre Constitution par l'art. 54, qui n'avait eu jusqu'alors d'autre but que de soustraire à la juridiction de droit commun les auteurs de *faits déterminés*, et non pas des personnes de *telle ou telle qualité*, ou remplissant *certaines fonctions*.

Je ne veux pas apprécier ici l'œuvre du législateur, mais de ce qu'il a placé à côté de l'art. 54 de la Constitution et du sénatus-consulte de 1852 *visant certains faits*, le sénatus-consulte de 1858 *visant certaines personnes* ou *certains fonctionnaires*, je tire cette conséquence que la juridiction de la Haute Cour établie par le sénatus-consulte de 1858 est d'ordre public et non pas exceptionnelle ; que ce sénatus-consulte, enfin, détermine nettement la compétence de ce tribunal, en même temps qu'il énumère les personnes qui en sont justiciables, et qui ne peuvent se soustraire à sa juridiction. Ces mots, — et M. le garde des sceaux l'a fait remarquer avec raison, — *connaît des crimes et délits*....., sont attributifs et constitutifs de juridiction.

La Haute Cour, en résumé, est un tribunal d'exception, au même titre que les tribunaux de commerce et les justices de paix.

Elle n'a point plénitude de juridiction, cela ne l'empêche pas d'être d'ordre public, et établie autant dans l'intérêt des institutions politiques, que dans l'intérêt des accusés.

La Haute Cour, du reste, est-elle le seul tribunal devant lequel les accusés sont soustraits au droit commun? Non, Messieurs, et dans notre législation nous trouvons une foule d'exemples où certains fonctionnaires sont, à cause de leurs fonctions, justiciables d'un tribunal supérieur à celui devant lequel ils comparaîtraient comme simples particuliers. L'art. 479 du Code d'instr. crim. dit que : « Si un juge de paix, « un membre du tribunal est prévenu d'avoir commis hors de « ses fonctions un délit emportant une peine correctionnelle, le « procureur général près la Cour impériale le fera citer devant « cette Cour, qui prononcera sans qu'il puisse y avoir appel. » Faut-il vous citer encore l'art. 10 de la loi du 20 avril 1810, qui rend les grands-officiers de la Légion d'honneur, les généraux commandant une division ou un département, les archevêques, les évêques, les présidents de consistoire, les membres de la Cour de cassation, de la Cour des comptes, des cours impériales, et les préfets, justiciables des cours impériales, selon les prescriptions de l'art. 479 du Code d'inst. crim.?

Il est certain que cette juridiction spéciale régit les personnes que je viens d'énumérer, à cause de leurs fonctions, et que si elles ne voulaient pas se soumettre à cette juridiction, elles devraient la subir, et M. le garde des sceaux a rappelé un fait qui le prouve jusqu'à l'évidence. Il est arrivé, a-t-il dit, qu'un député poursuivi a déclaré qu'il refusait de se prévaloir de la prérogative parlementaire ; mais les juges décidèrent que la prérogative parlementaire consacrant l'inviolabilité des représentants de la nation n'était pas une loi de privilége, mais une loi d'ordre public à laquelle il fallait obéir.

De tout ce qui précède, je tire donc les conclusions suivantes :

1° Qu'un décret impérial était nécessaire pour saisir la Haute Cour et convoquer les jurés ;

2° Que la Haute Cour est seule compétente pour connaître des faits imputés au prince Pierre Bonaparte, membre de la famille impériale, et comme tel, ayant une qualité énoncée dans l'art. 1er du sénatus-consulte du 4 juin 1858 ;

3° Qu'il n'y a pas lieu de s'arrêter à l'art. 10 du sénatus-consulte de 1852, invoqué par M. J. Ferry, puisqu'il ne s'agit pas ici de crime politique, et que l'art. 10 donnant le droit au Gouvernement de saisir ou de ne pas saisir la Haute Cour, n'est que le corrollaire de l'art. 54 de la Constitution, qui ne vise que des faits politiques.

J'aurais fini cette trop imparfaite étude sur la juridiction de la Haute Cour, si un écrivain qui a pris l'anonyme d'un ancien magistrat, n'avait développé dans une récente brochure une thèse toute contraire à celle que je viens d'exposer, et que je crois conforme à la vérité et à la justice.

Je vais la réfuter en quelques mots.

En termes de procédure civile, dit l'auteur de la brochure, on appelle *exceptions* des moyens de défense invoqués par le défendeur au début d'un procès ou d'une instance, qui, sans attaquer ou préjuger le fond ou le mérite de la demande, en font retarder l'examen pendant un certain temps ou l'accomplissement de certaines formalités. Ces exceptions sont d'ordre public, ou n'existent qu'au profit du défendeur ; les unes peuvent être présentées en tout état de cause, les autres au début de l'instance seulement.

Prenant une des exceptions les plus fréquentes, mon contradicteur examine l'exception d'incompétence. Elle est double. Il y a incompétence *ratione materiæ*, lorsque la cause est par sa nature hors des attributions du tribunal saisi. Il y a incompétence *ratione personæ*, lorsqu'une affaire est portée devant un tribunal, et qu'un autre tribunal du même ordre pourrait en connaître également, abstraction faite du domicile du défendeur, ou de la situation de l'objet litigieux.

On se demande alors si, par analogie, on ne pourrait pas étendre cette exception d'incompétence aux juridictions criminelles, exceptionnelles, et surtout à celle qui doit connaître des faits imputés au prince Pierre Bonaparte.

Mon contradicteur reconnaît que, sauf deux cas prévus, un militaire ne peut être jugé par la juridiction civile et un bourgeois par un conseil de guerre, quand bien même ils y consentiraient, et qu'il s'agit ici d'une exception d'ordre public. Puis il ajoute, après avoir montré la nécessité de mettre une certaine classe de hauts dignitaires à l'abri de rancunes et de basses vengeances, que cette juridiction spéciale qui leur est réservée, est un privilége dont ils jouissent, et auquel ils peuvent renoncer; qu'il s'agit enfin non plus d'une exception d'ordre public mais d'une exception *ratione personæ*, et dans l'intérêt du défendeur.

On ne peut, dit-il, imposer un privilége à qui que ce soit; et il cite l'exemple suivant : Un sénateur meurt : aux termes d'un décret de 1808, un certain nombre de troupes doit accompagner son convoi; s'il dédaigne ces honneurs, cela s'est vu récemment, il faut respecter sa volonté.

Cette théorie, on le voit, ne tend qu'à prouver que la juridiction de la Haute Cour est une juridiction de privilége, et je me demande comment on peut soutenir cette idée en présence du texte formel du sénatus-consulte du 4 juin 1858?

Y a-t-il d'autre différence que la supériorité du tribunal entre les dispositions du sénatus-consulte de 1858, qui rend les princes, les sénateurs, etc., justiciables de la Haute Cour, et la loi qui rend les militaires justiciables des conseils de guerre? Quelle différence trouve-t-on entre ce sénatus-consulte de 1858, et l'art. 483 du C. d'inst. crim. portant que les juges de paix, les membres du tribunal, etc., sont justiciables des cours impériales? Personne n'a du reste jamais contesté que si, dans les cas déterminés par l'art. 483, l'affaire était portée par erreur devant les tribunaux ordinaires, ces tribunaux devraient d'office se déclarer incompétents. Ces prescriptions constituent au premier chef des exceptions d'ordre public.

Cette théorie n'est du reste qu'un paradoxe, car mon contradicteur qui reconnaît que, sauf deux cas prévus, un militaire ne peut être jugé par les tribunaux civils et un bourgeois par un conseil de guerre, et que cette exception repose sur l'ordre public, ne peut nier que si les militaires sont justiciables de la juridiction spéciale des conseils de guerre, ce n'est qu'à cause de leur qualité de militaires; et il doit admettre aussi, pour être conséquent avec lui-même, qu'un ambassadeur n'est justiciable de la Haute Cour, qu'à cause de sa qualité d'ambassadeur, et il arrive logiquement à cette conclusion que le prince Pierre Bonaparte est également justiciable de la Haute Cour par suite de sa qualité, puisque princes et ambassadeurs se trouvent énumérés dans le même art. 1er du sénatus-consulte du 4 juin 1858.

Si donc, vous avez bien voulu me suivre dans cette discussion, j'ose croire que vous reconnaîtrez que la Haute Cour est seule compétente pour connaître des faits imputés au prince Bonaparte, et que la promulgation du décret du 10 janvier dernier convoquant ce tribunal n'avait aucune raison d'offenser la conscience publique.

Examinons enfin un dernier point.

Est-il vrai, comme l'a affirmé M. le garde des sceaux, que l'art. 10 du sénatus-consulte de 1852 soit abrogé par l'art. 5 du sénatus-consulte de 1858.

Ce n'est pas mon avis, et je crois au contraire que c'est l'art. 1er du sénatus-consulte de 1858 qui seul y déroge.

Le sénatus-consulte de 1852, je le répète, vise une série de faits dont les auteurs peuvent être renvoyés au gré du Gouvernement devant la cour d'assises, ou devant la Haute Cour, tandis que le sénatus-consulte de 1858 n'a d'autre but que de placer sous une juridiction spéciale certaines personnes à cause de leurs qualités ou des fonctions qu'elles remplissent.

Sans doute, je suis bien téméraire, ayant si peu d'expérience, d'opposer mon affirmation à celle de M. le garde des sceaux, dont le talent est si brillant et la science si profonde qu'on ne sait qu'admirer le plus en lui du jurisconsulte ou de l'orateur, mais je crois, et j'en demande pardon à Son Excellence, que le sénatus-consulte de 1858 n'a pas abrogé l'art. 10 du sénatus-consulte de 1852, et j'affirme que, si des personnes n'étant pas membres de la famille impériale tramaient un complot contre la sûreté intérieure ou extérieure de l'État, le Gouvernement pourrait user à leur égard de l'option que lui confère l'art. 10 du sénatus-consulte de 1852, et les traduire à son choix devant la Haute Cour ou devant la cour d'assises. C'est ainsi que Grœco, Trabucco, Impératori, ont été jugés par la cour d'assises. J'ajoute enfin que si des princes, des grands-officiers de la Légion d'honneur, des ambassadeurs ou des conseillers d'État, avaient à rendre compte à la justice d'un crime ou d'un délit ordinaire, la Haute Cour serait seule compétente. Le sénatus-consulte de 1858 n'a donc pas abrogé l'art. 10 du sénatus consulte de 1852.

Telles sont les considérations que j'avais à vous présenter sur la juridiction de la Haute Cour convoquée à la suite de cette affaire douloureuse qui a eu tant de retentissement et qui, grâce au zèle des magistrats chargés de l'instruire, va se dénouer prochainement.

Quelle que soit la solution qui intervienne, on devra considérer le verdict rendu comme l'expression la plus impartiale de la conscience de juges qui sont les plus élevés dans la hiérarchie judiciaire, et de jurés qui sont les mandataires du suffrage universel.

PARIS. — IMP. VICTOR GOUPY, RUE GARANCIÈRE, 5.

www.ingramcontent.com/pod-product-compliance
Ingram Content Group UK Ltd.
Pitfield, Milton Keynes, MK11 3LW, UK
UKHW020145080726
13614UKWH00005B/2405